Bitterkerne

KARL-FRIEDRICH REINHARDT

# Bitterkerne

Aphorismen

Aphorismen gehören nicht
zur praktischen Literatur.

Was gibt es Schöneres
als sich auszustrecken auf dem Stroh
im eigenen Kopf.

Er stellte sich
in die Mitte einer Kreuzung,
ohne sich entscheiden zu müssen.
Diese Freude gönnte er sich
einmal pro Woche.

Stets sprach er die Wahrheit
ob sie stimmte
oder nicht.

Wäre morgen die Welt
ohne jede Moral
würden wir heute schon schweigen
unter lautem Protest.




Jeden Abend bewegte er die Welt
mit seiner Modelleisenbahn.




Seine Zeitungslektüre begann
mit den Heiratsannoncen
und endete mit den Todesanzeigen.
So hatte alles seine Ordnung.

Wer die Erinnerung vergessen will,
muss sich täglich
neu erinnern.




Wer sich durch den Glanz und den Duft
bis ins Innerste frisst,
glaubt erst am Ende
an die Bitterkerne.




Der gewaltige Löwe brüllt in der Nacht
gegen seine Angst,
nur die Affen haben Mut
und schreien zurück.

Sie lebten gemeinsam und
unbesorgt in der lärmenden Stille
ihres Schweigens.

Voller Eifer schlugen sie sich
ihre Bildung auf die Köpfe,
zurück blieben sinnlose Wörter

Das Motorengeräusch
des eigenen aufsitzenden Rasenmähers
ersetzt vielen die Formel eins
am Sonntagnachmittag.

Was wären glückliche Zwerge
ohne ihren Großen Führer?

Wenn eine kleine Dreckfluse
viele tausend andere Dreckflusen trifft
entsteht ein großer Haufen
Dreck. Sonst nichts.

Ich glaube fest,
daß es keinen Gott gibt,
sagte der Atheist.

Wenn die Alten
die Jungen überholen
wird es Zeit
stehen zu bleiben.


Es gibt keinen Fährmann
über den Hades.
Das letzte Stück musst du
immer allein rudern.


Wenn Leben heißt
dass der Eine
auf dem Anderen steht und
der wieder auf dem Unteren
wie tief muss der Erste sinken
damit der Letzte überlebt.

Unter den Teppichen
lebt viel niederes Volk.


Auch Kleingeister finden sich
ganz groß.


Von allen Seiten gehalten
durch starkes Eisen
bleiben auch die Schwächsten
aufrecht bis zu ihrem Ende.

Irrwege und Abkürzungen
führen oft direkt zum Ziel.
Man muss nur die Ziele
neu definieren.

Der Maulheld reitet
auf einem großen Pferd,
die Stummen halten
die Steigbügel.

Auch die Einfalt
ist vielfältig.

Wer sich zu tief bückt,
bietet seinen Arsch
zum gefälligen Gebrauch
für Jedermann.


Während ihn die Form noch fesselte
waren seine Gedanken bereits
befreit.


Die Lüge ist angstbefreite Phantasie.
Die Phantasie ist befreite Lüge.

Die einzige Todsünde ist
sich selbst zu ignorieren.

Wer am Morgen
Binsen frühstückt
drischt am Abend Stroh.

Ein Mensch ohne Phantasie
ist wie das Skelett
einer toten Koralle.

Sie setzten sich
zusammen um sich
auseinander zu setzen.

Wer sich nach Engeln sehnt
hat den Glauben verloren.

Wer auf dem größten Haufen steht,
muss nicht die beste Aussicht haben.

Kirchen sind versteinerte Versuche
sich selbst zu leugnen.

Wer sich von Kopf bis Fuß verhüllt
verbirgt sein Verlangen.

Niemand kann das Leben
um eine Stunde verschieben,
das kann nur das Leben.

Geschwindigkeit
ist kein Vorzug
der Jugend

Geschwindigkeit
ist die schiefe Ebene
des Alters.

Wer dauernd nach dem Neuen schreit
hat sein Gedächtnis verloren.

Wer ständig und ohne Sinn
nur fünf Wörter wiederholt
gilt bald als belesen und authentisch.

Ein großes Maul
verschluckt sich schnell.

Ihre Gespräche waren so laut
dass ich meine eigenen Gedanken
nicht mehr hörte.

Je tiefer
wir uns beugten
desto vertrauter
wurde uns der Abgrund.

Nicht jeder Schwelbrand entsteht
aus einem göttlichen Funken.




Wenn Analphabeten behaupten
Bücher zu schreiben
zerfällt die Macht
der Wörter in einzelne Buchstaben.




allein

das Leben

allein.

Natürlich
kannst du bei mir weinen
aber verschone mich
mit Gefühlen.


Exorzismus
ist die Nächstenliebe für
Exzentriker.


Gespiegelte Wahrheit
ist die perfekte Lüge.

Ob Fallbeil oder Fußball
die Wurstbuden sind immer
dieselben.




Nicht vergleichbar sind
Monarchie und Bienenstaat:
Bei den Bienen gibt es den Honig
für alle.




Nur der Tod
kann den Tod
überwinden.

Allein die Vorstellungskraft
etwas zu ändern
was nicht zu ändern ist
wird am Ende
alles geändert haben.

Die versprochenen Träume
einer absoluten Gesellschaft
zerstören jeden Traum.

Von Ewigkeit zu Ewigkeit
ist Nonsens. Es gibt keine
zwei Ewigkeiten.

Nur ein Messi leidet wirklich
an der unerwiderten Liebe
zur Ordnung.


Ein Mythos ist wie ein Luftballon,
steigt er zu hoch,
entweicht heiße Luft.


Wenn man sich selbst
trifft in der Mitte
sollte man die Seiten wechseln.

Seit ich mich bemühe,
zu vergessen, erinnere ich mich
an jedes Detail.

Sicher an der Sicherheit
ist, dass sie für die andere Hälfte
völlig unsicher ist.

Durch die Wände zu gehen
ist der Traum
der Unbeweglichen.

Leser reagieren
auf Stichwörter
Buchhändler zitieren
Klappentexte.


Die Hölle
muss wunderbar sein.
Alle Menschen drängt es
die größten Sünden
zu begehen.


Nicht Jede
die sich ständig
um die eigene Achse dreht
ist eine Tänzerin.

Er blieb
um sich zu verändern.

Am intensivsten lebte er
wenn er unbeweglich
nach draußen sah.

Am liebsten empfing er
leere Briefe die er persönlich
mit Inhalt füllen konnte.

Auch Nihilismus kann
lebensbejahend sein.
Mindestens für den Nihilisten.

Auf der Reise
in eine ungewisse Zukunft
legten sie großen Wert
auf die pünktliche Einhaltung
der Fahrpläne.

Schon der erste Stein
für eine Mauer
ist eine Mauer.

Jede Zelle stößt
an eine andere Zelle.
Es gibt kein Leben
ohne Zellen.

Nicht die Wölfe
sind die Gefahr
es sind immer
die Jäger.

Obszönität
ist der Ausweg zwischen
Moral und Moral.

Wölfe leben
in friedlichen Verhältnissen
Schafe sehen das anders

Schafe leben
in der sicheren Herde
Wölfe sehen das anders.


Sich selbst zu lieben
kannte er aus der Bibel
die Nächsten kannte er nicht.


Niemand erkennt
meine Liebe
sagte der Misanthrop.

Ich helfe gern
sagte der Hedonist.




Was wärt ihr
ohne mich
sagte der Philanthrop.




Ich will nur das Beste
sagte der Defätist.

Nur wer nimmt
kann auch geben
sagte der Egoist.

Für einen Kaffee
hatte sie immer
ein offenes Ohr.

Was die Kryptowährung
für den Banker
sind die Kunstblumen
für die Geliebte.

Das Versprechen blieb
das Einzige
an das wir uns erinnerten.

Wenn Montag und Freitag
aufeinander treffen
einigt man sich auf Mittwoch oder
fängt eine neue Woche an.

Wer glaubt
er wäre ein Leuchtfeuer
steht schnell im Nebel.

Sie sagten
wir nehmen uns
die Freiheit und nahmen ihnen
die Freiheit.

Hoffnung gebiert
immer neue Hoffnung
in der Hoffnungslosigkeit.

Wer glaubt
Schafe wären friedfertig
glaubt auch
Böcke seien geistreich.

Das Sakrale
bietet Heimat.
Das Profane
ist die Heimat.

Obsession ist besser
als Orgasmus.
Obsession dauert länger.

Um etwas zu besitzen,
muß man es verstehen.
Versteht man es,
besitzt man es nicht mehr.

Eine Friedenstaube
ist ein Widerspruch
in sich.

Bewegten wir uns nicht
im Kreis kämen wir vielleicht
nicht mehr zurück.

Sie strukturierte ihr Leben
so konsequent, bis nichts mehr blieb
als Struktur

Wer sich immer
nur um sich selbst dreht,
verliert schnell
die Orientierung.

Bücher haben Körper
Bildschirme nicht.

Je lauter das Fest
desto näher
die absolute Stille.

Erst wenn der Mediziner
zum Heilpraktiker geht,
wissen wir, wozu
die moderne Medizin
fähig ist.


Wer selbstbestimmt
mit der Masse rennt
wird bald fremdbestimmt
allein sein.


Eine einzige Lüge
enthält mehr Wahrheiten,
als sämtliche aufgelesenen Fakten.

Der Umweg
über das Gute führt
meist in die Irre.


Auch Mörder kennen Liebe
wie könnten sie sonst töten.


Nie ist man Einzelner
als zu zweit.

Am lautesten schreit
die schweigende Mehrheit.

Niemand weiß
wer den ersten Stein warf
aber alle wissen
wo die Steine liegen.

Selbst wenn wir radikal
die Vergangenheit kürzen,
wird die Zukunft nicht länger.

Der Blick vom Pferd
ist privilegiert,
solange das Pferd es zulässt.


Um endlich die gewünschte
Anerkennung zu bekommen,
trug er nur noch die abgelegten Kleider
seiner Gegner.


Es gibt keinen Schutz
vor der Hilfe.

Wer den Höhepunkt
in der Liebe
physikalisch berechnet,
kommt rasch zum Ende.




Wie viele Seiten
hat eine Medaille?




Belesen beschränkt sich
nicht auf Schlagzeilen.

Nichts zu wissen
könnte gefährlich sein,
alles zu wissen
ist gefährlich.

Die Subjektivität der Logik
ist ihr Gerüst.

Jede Irrung entsteht
aus einem logischen Gedanken.

Wer seine Zelle
täglich neu durchmisst
träumt
von großen Räumen.



Wenn uns allein
der Glaube bliebe,
ersparten wir uns
die komplizierten Lügen.



Es genügt nicht,
stets das gleiche Schwein
zu schlachten, man muß es
lieben und ihm einen
Namen geben.

Wie kann digitales Erinnern
objektiv sein, wenn
der menschliche Datensammler
objektiv subjektiv ist.


Wenn wir objektiv betrachtet
nur noch Subjekt sind,
sollten wir uns endlich öffnen
und unsere Pseudonyme nennen.


In den Straßen liegen
die verlorenen Wörter
und warten vergeblich
auf die Finder.

Kann man aus toten Steinen
Funken schlagen?


Scheitel rechts oder
Scheitel links
kann schnell über die Welt
Anschauung entscheiden.


Konzentration bedeutet
die Vorstellung der Handlung
eine sehr kurze Zeit
vor Beginn der Handlung.
Diese Zeit könnte man auch
als Gegenwart bezeichnen.

Die intellektuellsten Fragen
erwarten keine Antworten,
sie dienen nur
der allgemeinen Unterhaltung.


Wer postuliert, das Ende
der Welt sei nahe, sehnt sich
nach seiner ganz persönlichen
Erlösung.


Für Speichellecker
sind trockene Beziehungen
unerträglich.

Hörbücher sind
wie Essen auf Rädern.




Wer sich die ewige Jugend
wünscht, ist alt geworden.




Angst ist die Furcht
vor dem Unbekannten.
Furcht ist die Angst
vor dem Bekannten.

Aus mundgeblasenen Wörtern
kann man keine Sätze formen.


Wenn wir die Menschen abholen
wollen, wo wir sie vermuten
finden wir oft nur verlassene Plätze.


Wer im Alter
noch Zähne zeigen kann,
hat viel Geld bezahlt.

Die Würde des Todes
ist eine Erfindung
der Lebenden.

Primaten unterscheidet man nicht
allein an der Behaarung.

Die Ängstlichen
sind die größte Gefahr
für die Mutigen.

Je fiktiver
die erzählten Geschichten
desto überzeugter
wird der Glaube an sie.

„Ich habe eine Sendung",
sagt der neue Prophet.
„Geben Sie's beim Nachbarn ab",
sagt der Empfänger.

Der Aufbruch
zu einer fremden Gedankenwelt
endet oft schon
in der nächsten Zeitung.

Schlaue Kaninchen überleben
durch die Ignoranz
der Füchse.


Ich bin immer
ein Optimist
sagte der Pessimist.


Wenn Männer sich prostituieren,
erklären sie es als Freiheit.
Wenn Frauen sich prostituieren,
erklären sie es als Freizeit.

Der unbedingte Wille,
zu einem harmonischen
Abschluss zu kommen,
führte zu erheblichen Dissonanzen.


Der Kontext
zur Stimmlosigkeit
ist nicht das Geschrei,
es sind die leeren Gedanken.


Wer ist optimistischer,
die Katze oder die Maus?

Aus der zärtlichen Verbindung
zweier Luftwesen
kann nur eine Luftblase
entstehen.

Wer hat die größere Erfüllung
der Getäuschte oder
der Täuscher.

Stumme Töne lärmen
am meisten.

Ohne Imagination
ist die Realität unerträglich.




Je näher
wir der Wahrheit kommen,
desto weiter ist sie
von uns entfernt.




Wer über die Köpfe
hinwegredet
hört kein Echo.

Selbst wenn die Menschen
zusammen wachsen
erleben sie keine Nähe.

Geistliche Rationalität
ist ein Widerspruch in sich,
in den Kirchen wie auch
in der Politik.

Der religiöse Geist
in einer Gesellschaft
spricht ausschließlich
für sich.

Der starke Wunsch,
die eigene Geschichte
zu vergessen
führt immer zur Geschichte
eines fremden Menschen.


Die Geister der Vergangenheit
kehren immer wieder zurück
da sie nie sterben können
als Geister.


Ich habe den Tod gesehen.
Er war mir ähnlich.

Die Elastizität von Glas
ist wie unser Leben.
Erst wenn es in viele Teile
zersprungen ist,
wird es widerstandsfähig.


Der perfekte Nihilist
bestreitet energisch
die eigene Existenz.


Seit ich vergessen habe
wer ich sein wollte
habe ich mich gefunden.

Wenn ich heute
meinen alten Feinden gleiche,
wie haben sich gestern
meine Freunde verändert.

Im Niemandsland des Schlafes
entdecken wir perfekte
Lösungen für Probleme
die uns am Tag unbekannt blieben.

Vor der eigenen Haut
beginnt das Weltall.

Obwohl wir wissen,
dass wir sterben werden,
erschrecken wir uns jedes Mal
über diese Ungeheuerlichkeit,
die uns zugemutet wird.

Je kürzer das Leben wird,
desto mehr Zeit brauchen wir.

Wird das Dekolletee tiefer
und immer tiefer,
wird die Gefahr höher
und immer höher.

Wie schnell vergeht die Zeit,
wenn die Tage nicht enden wollen.



In der Dunkelheit wird jede Stunde
länger als der ganze Tag.



Wenn das Publikum geht,
spielt Hamlet weiter
hinter dem Vorhang.

Der Wechsel
von der Physik zur Metaphysik
ist kein Berufswechsel,
glauben die Wissenschaftler.


Was ist schlimmer:
Der Dünkel
der Ahnungslosen oder
die Überheblichkeit
der Alleswissenden?


Auch die Einfalt
ist vielfältig.

Wunsch und Lüge
sind kriegerische Geschwister,
Lüge und Wunsch
hilflose Helfer.

Kleinkarierte Räume schaffen
keine Ordnung.

Wer sich nicht verbiegen lassen will,
zerbricht.

Jede Epidemie
hat auch etwas Gutes
für Wenige.

Erst im Abstand
finden wir die Nähe,
die wir nicht vermissten.

Hinter der Maske
verstecken wir uns,
um unser Gesicht
zu zeigen.

Bücher ohne Schutzmasken sind
eine unerträgliche Gefahr
für uns alle.




Widergedanken stoßen
zuerst an die eigenen Buchdeckel.




Seit ich von mir erfuhr
halte ich Distance
zu mir und hoffe
auf Genesung.

Wenn man der Marionette
die Fäden durchschneidet,
bewegt sie sich
in absoluter Freiheit.

Ständig wiederholte Lügen
werden bald zur Wahrheit.

Wer um die Null
Linie schwebt
hat sein Ziel fast erreicht.

Wer den Kopf in den Sand steckt,
dem bleibt nur das Zähneknirschen.

In der angenommenen Realität
wird alles irreal.

Auf der Suche nach dem Zentrum
finden wir tausend neue Mitten
in uns.

Am Ende meines Verlangens
bleiben immer die Bitterkerne

WILLE

NEUE

„Wenn man sich selbst trifft in der Mitte
sollte man die Seiten wechseln."

**Panta rhei** und **Bitterkerne**, zwei Bücher in
einem und wenn man sie gelesen hat, trifft
man sich selbst in der Mitte. Wer kann das
schon?
Karl-Friedrich Reinhardt zeigt das Tragische
im Banalen, das Komische im scheinbar
Ernsten und das Unentdeckte im Sichtbaren.
Das macht den Reiz dieser zwei Bücher aus.
Seit seiner Jugend schreibt Reinhardt No-
vellen, Kurzgeschichten, Theaterstücke und
immer wieder Gedichte und Aphorismen.
Sein literarisches Leben wurde geprägt von
Albee, Brecht, Ionescu, Hrabal bis hin zu
Walser und Frisch.
Die vorliegenden Gedichte und Aphorismen
sind eine kleine Auswahl, entstanden in den
letzten fünf Jahren in Potsdam.

Im Verlag Books of Demand erschien vom
gleichen Autor der Band:
„Herrn Humboldts letzte Reise",
ISBN: 978-3-7392-7680-9, mit Erzählungen
und Gedichten.

KARL-FRIEDRICH REINHARDT

# panta rhei

Gedichte

*Für Johannes*

## Vergessene Mitte

Ich bin der Kern
eingeschlossen
in meinem Kern

um meinen Kern schwimmen
fliegen durchsichtige Teile
vergessener Kerne

ich war der Kern.

## Missing

Rückfahrt
Verden
man wird vermisst
nicht in Verden
Hamburg oder New York
Verden fliegt vorbei
Hamburg ist überall.

## Mit aller Kraft

Sie wünschte sich

    das Erinnern
    das Vergessen
    das Träumen
    das Hoffen

sie wünschte es
mit aller Kraft und
blieb doch immer
kraftlos.

## Zugfahrt I

Gedicht schreiben
bei 220 km/h

wie kurz
muss ich mich fassen.

## Zugfahrt II

Das Land zerteilt
in grüne und braune Querstreifen
beständig allein

ist die Anzeige
NÄCHSTER HALT
HANNOVER.

dann vereint sich wieder
das Land zerfällt
in braune Einzelheiten.

## Zugfahrt III

Zwischen Wuppertal und Hagen
wir warten
auf Personen im Gleis

vergebens

alle Verbindungen
können erreicht werden
überall.


## Zugfahrt IV

Statisch
verharrend fliegen wir
über das Land

stehen wir
zwischen Häusern
Drähten und Lautsprechern

fliegen uns Kraniche
geometrisch verharrend
am Himmel entgegen.

## Uckermärkische Alleen

Was am Anfang
zählbar
wird zum Ende

ein unendlicher Strichcode
zahlbar
in unbekannten Währungen.

## Ungeplant

Der Zug ist pünktlich
was mache ich
mit der übrigen Zeit
ungeplant.

## Bahnsteig

Ehe die Tür
sich schließt
blickt sie zurück

niemand wartet
niemand winkt
keiner geht

sie fährt trotzdem.

## Freie Leben

Wären unsere Lebens
Geschichten nicht frei erfunden
tatsächlich
hätten sie geschehen können
so oder so.

*SCHREIT* der Eine über den Fluss
komm zu mir
hier ist das Leben leichter.
*SCHREIT* der Andere
da war ich schon, aber
es fehlte die Brücke
zurück.


## Fluchtpunkte


Wohin
gehen die Fliehenden
ohne Ziel flüchten
die Bleibenden.

## Mauern

Die Chinesen bauten ihre große Mauer
gegen die äußeren Feinde.
Wir bauen die große Mauer
gegen unsere inneren Feinde.
Wer waren die Freunde
des chinesischen Volkes?

## Neue Länder

Durch unsere Koordinaten
läuft ein tiefer Riß
diagonal

entstehen neue Länder
rechts oder links
oben oder unten

ich werde sie alle bereisen.

## Das Versprechen

Am Morgen
versprachen sie uns
Hoffnung

am Mittag
lobten sie unseren
Fortschritt

am Abend
forderten sie dringend
Leistung

in der Nacht
redeten wir von unserer
Hoffnung

am Morgen
hatten wir die Sprache
verloren.

## Vertrauen

Wenn der Fremde
uns fremd kommt
vertrauen wir in Furcht
auf Vertrautes

bis der Fremde
uns vertraut
und das Vertrauen
uns fremd kommt

selbst wir
werden uns fremd
obwohl
in der Angst vertraut.

## Richtungen

Allein dieser Mensch
kann uns den richtigen Weg

zeigen zum ersten Mal
waren sich alle einig

nur über die Richtung
gab es erbitterten Streit

wie immer
bis zum Ende.

## Zukunft

Als wir uns trafen
hofften wir
auf eine gemeinsame Zukunft

als wir uns trennten
mit leeren Worten
war die Zukunft bereits gekommen.

## Lob dem Fremden

Wenn ich mich erkenne
in ihm, dem Fremden
erkenne ich in mir

den Fremden
der vertraut doch
unbekannt hervortritt

in dem Lächeln des Fremden
bleiben wir zusammen
fremd wie vertraut.


## Sofortige Wirkung

Um sie vor den Wölfen
zu schützen
beschloss die Regierung

mit sofortiger Wirkung
alle Schafe
abzuschaffen.

## Nathan

Sie nannten ihn Nathan
und lachten
ihr gemütliches Lachen

ich bin nicht Nathan
rief er bin Christ zudem und
völlig unpolitisch trotzdem

blieb er für sie
der alte Nathan obwohl
er Wilhelm oder Friedrich hieß

seit Anfang an.

## Verschlossene Räume

Als die Welt kalt
so kalt wurde
liefen die Schafe
freiwillig
in die verschlossenen Räume

froh
um die neue Heimat.

## Gerecht

Warum sollten wir uns
entschuldigen für die Gewalt

sie war notwendig
gerecht und am Ende

fruchtbar für alle niemand
hätte anders gehandelt.

## Einsame Gefühle

Als K. zurück blickte
auf sein ignorantes Leben
drohte er sich selbst

mit konsequentem Liebesentzug

voller Angst verfiel er sofort
in eine unerträgliche Arroganz
die er nicht mehr ignorieren konnte.

## Ambivalenz

Wenn ich nicht so schlecht wäre
seufzte K.
könnte ich nicht so gut sein.

## Die Furcht der Schakale

Es heißt,
die Furcht der Schakale
vor den Hasen

der Schärfe ihrer Zähne
ihrer List bei der Flucht und
der illegalen Staatsgründung unter der Erde

kann nur durch eine strenges Gesetz
zum Schutz der Allgemeinen Ordnung
bekämpft werden

nun heißt es
Schaden abzuwenden von dem Volk
der Schakale und der gesamten Natur.

## Rote Nasen

Wenn wir erst eure roten Nasen
tragen die Strümpfe
binden wie ihr

kommen wir zu euch
erklären euer Land
zu unserem Land

erlauben euch auch
unsere Nasen und die geknüpften
Strümpfe zu tragen

hüben wie drüben
werden wir eins obwohl
wir mehr als zwei sind.

## Täglicher Wechsel

Gestern erklärte man uns
die Wahrheit heute
ist es eine andere Wahrheit
morgen wird die Wahrheit

zur Lüge von gestern und heute
die Lüge von morgen wechseln wir
täglich die Wahrheit zur Lüge
zur Wahrheit als festen Wall

dahinter sind wir sicher.


## Versteck

Obwohl wir uns kannten
gab er mir
die Hand ich nahm

die andere
die er versteckte
hinter dem Rücken

da ließ er mich
fallen.

## Schußwechsel

Wenn ich mir heute
begegnen würde

als Schwarzer oder
als weißer Präsident

wen würde ich
zuerst erschießen.


## Der Renegat

Um endlich teilzuhaben
am innersten Zirkel
des politischen Lebens
beendete K. die Mitgliedschaft
in der Oppositionspartei
ohne jemals
Mitglied gewesen zu sein.

## Starke Schwächen

K. forderte Liebe
indem er Stärke zeigte

das war seine Schwäche.


Wenn G. liebte
zeigte sie ihre Schwäche

das war ihre Stärke.


## K. könnte

mit ein wenig Fleiß
auch Bernd heißen.
Oder Waltraud.

Nichts
Nichts

würde sich ändern

## Die Große Stille

Sie hielten sich aneinander
fest dass sie nicht strauchelten
der Große
am Kleinen der Dicke gebeugt nur
der Dünne stand aufrecht und
allein

warten wir
bis der Sturm vergeht
rief der Eine und der Andere
fürchtete sich vor der Stille
wenn die Stille uns erfasst
werden wir auseinander

brechen und vergehen
der Sand wird uns begraben
niemand wird um uns
weinen schrie der Dicke
der Dünne aber sprach
ich werde weinen um dich.

## Wartezeit

Ein einzelner Mensch wartet
auf dem Großen Platz

auf die Revolution
gehen wir zu ihm

zu zweit zu dritt und
warten gemeinsam

auf die Revolution lange
kann es nicht mehr dauern.


## Bitterkern

Man kann es nicht
beißen, schlucken
verdauen
viele geben es

niemand will es
allen ist es bekannt
unbekannt obwohl
es jeder besitzt.

## Fallend

Ein Mensch fällt
von einem Gerüst

es ist nicht mein Haus
es ist nicht mein Gerüst

der Mensch ist mir unbekannt
ich weine trotzdem.

## Sommer

Das Fenster
Kreuz schlägt den Himmel
an die Wand gleichgültig
bleibt es der Sonne.

## Aufgespießt

Drehe ich mich
im Kreis fliegen die Wörter
vorbei einszweidrei
fange ich sie und
spieße sie auf mein Brett
buntschillernd und schön.

## Was bleibt

Der Gesang der Fische
der Duft der Sonne
das Licht im Morgentau
der Tanz der Insekten
die Poesie in uns allen

wird als Erstes
sterben.

## Panta rhei

Alles fließt.
Steht der Fluß
still wandern die Ufer.

## Vergessene Liebe

War es der Duft
im Haar oder das helle Lachen
wir suchten uns
an unbekannten Plätzen

die Kastanien verblühten
an den Ufern
wir sind uns
nie begegnet.

## Farbe Gelb

Sie war blond und
färbte sich die Haare
gelb so sah sie sich

ein wenig ähnlich.

## Lust

Lustvolle Lust
bringt die Lust

den Egoisten
den Empathikern

bringt lustvoller Verzicht
die wahre Lust.

## Stimmlos

Er wäre so gern
ihr Resonanzboden geworden
hätte sie nicht ihre Stimme
verloren beim ersten Kuss.

## Getauschtes Leben

Die Liebe kannte sie
aus bunten Heftchen
das Leben ergab sich
in beengten Räumen

beides hätte sie gern
getauscht.

## Treuer Begleiter

Rotkäppchen erkannte
den Wolf als treuen Begleiter

vor den Lügen
des Jägers
hatte sie Angst.

## Fünf Sekunden

In fünf Sekunden
kann mich die Liebe treffen
der Tod eintreten oder
ein Regenbogen
uns verbinden

in fünf Sekunden
erfahren wir die langen Stunden.


## Leere Worte

Sie schwiegen
bis die leeren Worte
zu Ende waren
dann hatten sie sich
nichts mehr zu sagen.

## Für einen Tag

Es wollten sie besuchen

der mit der Glatze
der mit der Nase
der ohne Geist
die im bunten Rock

sie blieb
für einen Tag
eine Nacht
ein Leben

hatte sie gehofft
für eine Woche
dann kam er

ohne Namen
ohne Worte und
mit einem Lachen

er blieb für immer.

## Kuss

Es sollte ein Kuss werden
auf geöffnete Lippen

gehaucht
gepresst

auf geschlossene Lippen
es sollte ein Kuss werden

vielleicht
erst morgen.

## Vertrauliche Vorsicht

Ich sehe dein Gesicht
beiseite gewandt
vertraut ist es obwohl
wir uns kennenlernten

in diesem Augenblick.

## Voller Seiten

Deine Saite schwingt
so tief und satt
als hätt mein Bogen
sie mit Kraft berührt

so schwungvoll
voller sanfter Kurven
ist die zarte Seite
ich hätte sie beinah verführt

die Stimme singt
wie heller Tag
wie dunkle Nacht
sie hat mich sehr berührt.

## Zeitvertreib

Wollen wir uns die Zeit
vertreiben

ich dich
du mich vertreiben und

festhalten für immer
oder bis morgen früh.

## Mitte

Als sie sich trennten
in der Mitte verloren sie
ihren Halt.

## Heiliger

Sie wünschte sich
mit aller Kraft
einen Heiligen

als sie ihn endlich bekam

wünschte sie sich
mit aller Kraft
ihre Phantasie zurück.


## Vergessen

Sie wird nicht vermisst
sie ist nicht verloren
niemand sucht

nach ihr seit gestern
hat sie sich selbst
vergessen.

## An einem anderen Tag

Heute
traf mich dein Blick

morgen
fliegt eine Kugel
ins Leere

an einem anderen Tag
zähle ich
meine verbliebenen Wörter

nur für mich.

## Überleben

Wie gern
hätte ich dich kennen
gelernt obwohl du
ausschließlich in meiner Phantasie
überlebt hast.

## Unsichtbare Tage

Aus dem Moosfleck kriechen
bunte Käfer, Lichtflecken tanzen
über deine Haut
bleiben wir still

hören wir die Bäume
flüstern in dein Ohr
tröpfeln kleine Wörter
wir bleiben vielleicht

länger oder für immer.

## Letzte Begegnung

Sie näherten sich einander
bis auf wenige Zentimeter

dann erkannten sie sich und
flohen in Panik

vor ihrer zukünftigen Vergangenheit.

## Liebe in Wuhan

Sie liebten sich in Wuhan
und wussten nichts
über das Leben
in Paris

sie lebten in Paris
und wussten nichts
über die Liebe
in Wuhan

sie liebten sich
in Wuhan und Paris
und wollten nichts wissen
vom Tod der Anderen.

## Muschelauge

Die Muschelränder
mit den langen Wimpern
öffnen sich

langsam
langsam

öffnen sich
mit ihren langen Wimpern
die Augenlider

dahinter die dunkle Perle
das weiße Auge
glänzend

kalt
unbewegt beobachtet sie
den einsamen Betrachter.

## Endgültige Nähe

In ihrem Hass
waren sie sich

so nah
so nah

wie sie es in ihrer Liebe
nie wieder waren.


## Gefühle

Ich möchte mehr
von den tiefen Gefühlen
mit dir
nicht.

## Absolute Freiheiten

Er hatte die absolute Freiheit

weg zu gehen
von ihr, diesem Ort
ihrer Geschichte
die er hörte jeden Tag
dieses unendliche *ritardando*
und doch zu bleiben
bis sie die Tür hinter sich schloss

hatte er die absolute Freiheit.


## Keine Verbindung

Sie näherten sich
ohne Unterlass
bis sie sich zu nahe kamen

sie trennten sich
ohne Anlass
und unvollständig.

## Im Kreis

hielten wir uns
an den Händen

nichts drang nach außen
nichts durfte uns stören

wir hielten uns
an den Händen

bis der Schmerz
unerträglich wurde.


## Kalter Morgen

Sie lagen eng
zusammen jede Nacht
um sich zu wärmen

bis zum Morgen lag er
kalt und steif
in ihrer Wärme

als wäre nichts geschehen.

## Kreuzungen

Immer wieder
trafen sie sich
an der Kreuzung

er von rechts
sie von links
in der Mitte

wichen sie aus
sie nach rechts
er nach links

sie kannten sich
rechts sowie links
von anderen Kreuzungen.

## Volles Versprechen

Sie hinterließ keine Nachricht
und sprach ohne Worte

ihre Brüste waren fest
und die Augen voller Versprechen

trotzdem blieb sie
allein in jeder Gesellschaft.


## Folgen

Wenn tausend Augen
ihr beharrlich folgten
blieb sie gelassen
wollte nichts sehen

bei seinen Augen
in ihrer Nähe
blieb sie stehen
blieb sie stehen.

## Gras und Klee

Meine Liebste kocht
Suppe mit fettigem Fleisch
nur für mich

ehe sie geht im Morgengrauen
schließt sie die Tür sorgfältig und
versteckt die Schlüssel

am Abend schneidet sie Gras
für die Kuh und Klee
für die Ziegen

mich hat sie längst vergessen.

## Wahl

Wenn ich den Arm
um dich lege
könnte ich dich

   lieben
   verhaften
   töten

such es dir aus.


## Löwenzahn

Deine Haare riechen
nach Löwenzahn die Finger
sind grün blaue Käfer schwirren

um die Sonne
unter den Bäumen
ist die Erde feucht bis morgen

werden wir sie zusammen
trocknen deine Haare riechen
wie der weiße Sommer.

## Maßlos

Sie bemühten sich
redlich
täglich
kamen sie sich näher

bis auf wenige Zentimeter
dann verloren sie
jedes Maß.


## Tägliche Mühsal

Wenn es ihnen
zu eng wurde miteinander

sprach sie von der Liebe
und er von der Mühsal

wie immer waren sie glücklich
über ihre Gemeinsamkeit

er dachte an die Liebe
und sie an die Mühsal.

## Schritte

Nachdem sie aufeinander
zu liefen
sich trafen
berührten und am Ende
völlig durchdrangen

waren sie einen Schritt
zu weit gegangen.


## Vielfalt

Wenn der Narziss
sich über das Wasser beugt
sieht er hinter sich
viele gleiche Gesichter, die gebannt
auf den Spiegel blicken.

## Durchtrennung

Alles sollte gerecht sein

sie teilten den Schrank
Tische, Stühle, Teppich und
am Ende das Bett
dann setzten sie sich ratlos

auf den Boden
und warteten.


## Nähe

allein

ihre Schminkdose
war ihm geblieben

sie war frei
so viel sie wollte

er hielt sie fest
so lange er konnte

so war beiden
geholfen.

## Letzte Liebe

In der Verwirrung
ihrer Falten verirrt
ohne Ausweg

aus vergangenem Leben
endet auch er
wie vorgesehen.

## Trennung

Ein roter Faden
tief im Boden trennt uns
sie und mich

bis in der Nacht
die Schatten sachte
zueinander finden.

## Die reine Wahrheit

Der Bericht über die Wahrheit
war eine Lüge für alle
war die Wahrheit persönliches
Eigentum warum sollte man es ändern
nach so vielen Leben
warum sollte man es teilen
für eine Lüge.

## Fragen

Ich gehe
wenn ich liege

ich liege
wenn ich gehe

Fragen finde ich überall
Lösungen nie.


## Unerwartete Nähe

Wenn ich mich sehe
hinter mir bin ich gekommen
um mich abzuholen?

## Erster Wechsel

Im ersten warmen Licht
werden die Straßen breiter
die Häuser mächtiger und
die Gefühle größer

nur wir werden deutlich kleiner
obwohl wir glauben
stündlich zu wachsen.

## Strichweise Regen

Hat der Tropfen
Sehnsucht nach dem Meer

vermisst das Meer
den Tropfen

strichweise fällt der Regen
auf die trockene Erde

nichts bleibt.

## Gebote

Du musst
du sollst
du darfst
nicht alle Gebote
zwingen zum Stillstand

ICH DARF
welche Erlösung.

## Jeden Tag

suchen wir das Glück
haben wir es gefunden
werfen wir es weg
aus Angst
es erneut zu verlieren.

## Straßenrand

Am Straßenrand liegt
Sperrmüll Stühle alte
Möbel mit geöffneten Schubladen

ein Brief ragt heraus
er könnte
von mir sein.

## Nicht der Nachbar

Blaulicht weht
über mein Fenster

Der Nachbar ist es nicht
ich bin es

diesmal.

## Verwirrung

Wenn auf der Bühne
Marionetten
Marionetten führen
wer entwirrt
die verworrenen Fäden.

## Veränderte Zeiten

Die Zeiten ändern sich nicht

die Menschen
die Menschen

ändern sich nicht
mit den Zeiten.

## Fremdes Holz

Wenn fremd mein Arm
das Herz wie Holz
lege ich mein Haupt
dazu der Rest
steht auf und geht.

## Endliches Zucken

Das letzte Zucken
einer Marionette
ist nicht ihr Ende

es bleibt nur
ein Zucken.

## Selbstvertrauen

Er vertraute ausschließlich
sich selbst
bis er sich bei einem Selbstbetrug
ertappte

seit diesem Tag
verweigert er jede Antwort.


## Schattenfang

Wenn es mir gelänge
auf meinen Schatten zu treten
wäre mein Leben dann
endlich geworden.

## Freunde

Die Einsamkeit zu überwinden
hielt er fest an Freunden
die er nie vergaß

obwohl er selbst
vergessen wurde von Freunden
die es nie gab.

## Begegnungen

Wir sind uns
nie begegnet
in der Dunkelheit

sprachen wir
viele Worte
über nichts.

## Vergessene Zukunft

Wenn ich mich heute
vergessen habe wer

soll sich an mich erinnern
in Zukunft.


## Der Rest

Einer liebt
einer stirbt
einer geht
der Rest
sieht zu.

## Letzte Lösung

Da sein Leben illegal war
in jeder Beziehung
beschloss K. zu sterben

um durch die amtliche
Beglaubigung seines Todes
endlich die ersehnte Legalität
zu erreichen.


## Erinnerte Zukunft

Die Zukunft verschwand
ehe sie begonnen hatte
es blieb die Erinnerung

an die Sehnsucht
nach der Zukunft
immer gegenwärtig.

## Wiederkehrende Ordnung

Um endlich Ordnung zu schaffen
in der Natur gruben sie
tiefe Gräben erschossen
die schädlichen Tiere und
setzten die Bäume
in Reih und Glied
nach dem ersten Sturm

begannen sie
aufs Neue gruben schossen
setzten und warteten geduldig
auf den nächsten Sturm.


## Kleines Rad

Auch ich, rief Herr K.
will Teil des Ganzen sein
ein kleines Rad nur

neben der großen Maschine.

## Klare Linien

Er zog einen langen Strich
trennte das Gute
vom Bösen trennte
oben und unten
gestern und heute
am Ende

zog er die Linie
durch sein altes Leben
fiel auseinander und
begann aufs Neue
mit einem langen Strich.

## Schmerzliche Trennungen

Am Tag der Trennung
von überflüssigen Dingen
kaufte sich K. in erheblicher Zahl

völlig überflüssige Dinge
um sich erneut zu trennen
der ständige Schmerz

war unübertrefflich obwohl
ihn diese unnützen Dinge
nicht wirklich interessierten.

## Fehlerfrei

Wenn ich alle Fehler
gemacht hätte
die ich vermeiden wollte
wäre ich heute
absolut fehlerfrei.

## Augenblick

Nichts ist sicher
nur der Augenblick
ist sicher obwohl
er flüchtig ist.

## Disput

Es ist nicht möglich
den ständigen Disput
im eigenen Kopf

zu beenden
zu hartnäckig
sind die Disputanten.

## Fremde Gedanken

Viele Gedanken schieben wir ab
ins Waisenhaus
dort bleiben sie

sich fremd für immer.

## Außenansichten

Gestern
erklärte ich die Erde
den Unwissenden

Heute
sehe ich die Welt
von der anderen Seite

Morgen
kehre ich zurück
in meine Blindheit.


## Hilfsleben

Obwohl wir uns
an unseren Krücken
festhielten
lief uns das Leben
davon.

## Veränderungen

Auf Anweisung
veränderten wir uns
alle vollständig

den Nachbarn erkannten wir
nicht mehr wir selbst
hatten uns nicht verändert.

## Ausgezählt

Nachdem wir uns endgültig
verloren in der Digitalität
addierten wir uns

täglich neu.

## Reden

Wenn jeder weiß
was jeder tut
wozu
noch reden

wenn keiner hört
was andere sagen
wozu
noch fragen

wenn jeder sagt
was andere denken
wozu
noch antworten.

## Worthülsen

Unzählige Worthülsen
steigen Tag und
Nacht und Tag
in die Höhe, verdunkeln

die klare vielfältige Sonne
unserer Sprache

bis sie uns im Mund
erfriert.

## Wissen

Das Wissen
von seinem Unwissen
befreite ihn endlich
von der lästigen Pflicht
alles wissen zu müssen

sofort las er
alles was ihm nicht
empfohlen wurde.

## Göttliche Gespräche

Das Gespräch
zwischen Gott und dem Leser
einer Dünndruckbibel

blieb ergebnislos
Gott fand sich nicht
zwischen den Zeilen.


## Kopfgeschichten

Der rote Hut unter
den schwarzen Hüten

ist ein schwarzer Hut
unter den roten Hüten

nur die Baskenmütze
verändert sich nicht.

## Wechsel

Als ich mir plötzlich
entgegen kam
ging ich auf die andere Seite
der Straße
um nicht erkannt zu werden.

## Recht

Wir haben das Recht

auf wilde Gedanken
und blühendes Unkraut
ungeordnet und schön

unbemerkt verloren.

## Panischer Stillstand

Die Welt steht still
wir flüchten panisch
in die Waben und
schauen ab und zu

ins bunte Leben
unter uns

so fremd und schön.

## Verlorene Zeit

Um die Zeit anzuhalten
beschloss K.
sich absolut nicht mehr
zu bewegen.

## Gleicher

du bist mir gleich
sagst du

ist er nicht gleicher
als die gleichen

so bin ich anders
unter gleichen

dann und wann
sagst du.

## Suche mich

nicht in den unbekannten Ecken

suche mich
in dir.

## Kaspar

Da der Fremde
keine Geschichte hatte
erzählten die Menschen

seine Geschichte
in vielen Variationen
ohne Ende.


## Die Suche

Die Suche
nach dem Vater
ist in mir vorbei
die Suche.

## Kakophonie

Die Stimmen
in meinem Kopf
ermöglichen keinen Dialog
da alle nur für sich
allein sprechen.


## Ungeheure Leichtigkeit

Ungeheuer ist viel
doch nichts ist ungeheurer
als das leichte Gewissen
wenn das Ungeheuerliche
uns bedrängt.

*Frei nach Sophokles*

## Aussichten

Und wenn der Turm
keine Fenster hätte
wüssten wir doch immer

was draußen geschieht
denn stets sind wir außen
nie drinnen.

## Zwei Wochen

Einer stirbt
heute und morgen
ist es ein Anderer
in zwei Wochen

vergessen uns
die Freunde wann
werde ich es sein
der vergisst.

## Leben

K. tötete sich
jeden Tag
um einmal
leben zu können.

## Kopfwurzeln

Schneidet man
den Kopf ab

bleiben immer noch
die tiefen Wurzeln.

## Richtigstellung

Wir haben leider versäumt
Herrn E. aus W.
am Ende seines Lebens

zu informieren
dass alle Lügen
Halb- und Vollwahrheiten

sich nicht auf ihn
bezogen hätten obwohl
wir es geplant

haben könnten
das bedauern wir
außerordentlich und

stellen hiermit richtig.

## Qualen

K. sehnte sich lang
nach einer eigenen Waffe

als er sie in Händen hielt
erschoss er sich
sofort

aus Versehen.

## Endgültiges Wetter

K. verließ sich selbst
endgültig
an einem regnerischen Morgen

er hätte sich besseres Wetter
gewünscht.

## Totenklage

Als Einzige überlebte sie
den Herbst, den langen Winter und
den ersten Frühlingstag

niemand weiß
ob sie eines normalen Todes
starb oder überdrüssig der Einsamkeit

vom Schrank stürzte
sechs Beine starr
in die Höhe gereckt

entkam die einzige Fliege
des letzten Jahres
bis zuletzt jedem Angriff

heute will ich trauern um sie
wie gern hätte ich sie
persönlich erschlagen.

## Rat der Stille

Man entschied gegen
den Rat der Gehörlosen
einmal im Monat

den Tag der Stille
zu begehen
niemand folgte

den amtlichen Anweisungen
nicht einmal
die Gehörlosen.

## Montag

Am liebsten scheiterte K.
an einem Montag
so blieb ihm Zeit

bis zum Sonntag
neue Pläne zu schmieden
ehe er aufs Neue scheiterte

am nächsten Montag.

## Abstürze

Welche gefährliche Philosophie
treibt schwarzglänzende Fliegen
immer wieder

sich aus großer Höhe
in volle Kaffeetassen
zu stürzen.


## Vielfältig

Drei Beine sind mir gewachsen
über Nacht werde ich sie

vielfältig nutzen können oder
die überflüssigen Alten abschlagen

um auf den Händen
davon zu laufen

gleichgültig
wohin.

## Spielbein

Vor dem Fenster
das Denkmal im roten Abendlicht
ein Bein leicht vorgestreckt bereit
zum Gehen

Standbein
Spielbein
erklärt die Tänzerin

vor dem Fenster
das Denkmal im blauen Morgenlicht
ein Bein leicht vorgestreckt bereit
zum Gehen

ist er geblieben obwohl
Zeit und Raum genug
waren in der Nacht.

## Kleine Geschäfte

Für immer verbunden
ziehen sie an einer Leine

der Mann links
der Hund rechts

bis zur übernächsten Laterne
treffen sie sich
für kleine Geschäfte

der Mann rechts
der Hund links

für immer verbunden
ziehen sie an der Leine.

## Haarig

Paul kauft sich ein Toupet
Lisa eine neue Perücke
Max-Emanuel wünscht sich
wie jedes Jahr

ein funkelnagelneues Gedächtnis
der Kritiker Hofleitner vom Feuilleton
bespricht den neuen Roman
„Über das Leben der Friseure"

in der Kleiststraße
wird ein Kind geboren
ihm fehlen seit der Geburt
alle Haare der Vater befürchtet

das Kind käme nach ihm
und kauft für sich und das Kind
eine schottische Mütze aus echter Schafwolle

die behält er auf seinem Kopf
bis zu seinem unverhofften Tod
am 31. Oktober das Kind lebt
ohne Schaden zu nehmen

noch viele Jahre ohne Haare.

## Schlachttag

Dampfwaberndes Fleisch
zuckt und wartet
auf die Teilung

Kotelett; Schinken
Leber, Hirn und Milz

nährt das Dumpf
Zitternde Fleisch
des wartenden Gastes

eiskalte Schnäpse werden
extra berechnet.

## Barzahlung

Waltraud K. lief
mit leerem Mund
aus dem Café

sie hatte alle Wörter
ausgegeben.

## Applaus

Er lebte
von Applaus zu Applaus
in den Wochen

ohne Applaus verbeugte er sich
vor allen Spiegeln
denen er begegnete

der Klang
des großen Beifalls
begleitete ihn

überall.

## Fahrplan

Um sein Leben
sinnvoller zu gestalten
beschloss K.

seine elektrische Eisenbahn
in Zukunft auch nach
Bratislava, Helsingör und
Tegernsee fahren zu lassen.


## Stille Schritte

Zu den Zeitgequälten gehe man
langsam zur jungen Braut
rasch und still lege man sich
in die hölzerne Kiste
und höre die Freunde
sonst nichts.

## Osterwünsche

Millionen Kinder warten
auf einen Hasen
gold bunt eierlegend
und schokoladensüß

selbst Christus der Wunderbringer
wäre am Tag der Auferstehung
gescheitert
an solchen Wünschen.

## Weihnachtszeit

Nachdem der grüne, grüne Baum
geschmückt, besungen und
gequält wurde
schlug er zurück

eine rote Kugel traf
einen blauen Engel
die Sängerin samt Noten
allein das Kind

blieb unverletzt
es spielte unbemerkt
mit Maria, Josef und
der bunten Kuh.

## Vergessene Erinnerungen

Es bleiben
die angebrannte Suppe
die grelle Schulklingel
die unbestimmte Angst

vergessen
die hellen Nächte
der erste Kuss
die Fahrt ins Ungewisse

Erinnerungen
an unendliche Zeiten
die Klingel
die Angst

das bleibt.

## Glaube stimmt

Die Leute sagen
du bist bald 75
das glaube ich nicht

der Körper sagt
du bist mindestens 65
das glaube ich nicht

das Gefühl sagt
du bist höchstens 45
das glaube ich nicht

die Frauen sagen
du bist wie ein Kind
das stimmt.

## Glückwünsche

Die großen Feiern
sind vorbei die kleinen
längst vergessen

DANKE

dass Sie an mich gedacht haben
ich selbst kann mich leider
nicht mehr erinnern.

## Geschwindigkeit

ist kein Vorzug
der Jugend

Geschwindigkeit
ist die schiefe Ebene
des Alters.

Liebe Besucherinnen!
Liebe Besucher!

Beim Verlassen des Friedhofes
legen Sie bitte
Ihren Glauben zurück

in die lila Behälter
direkt neben den Gießkannen.
Danke.

## Danke

ich danke ihnen
dass sie mir so manches
zutrauen den Richtigen

zu wählen zum Beispiel
den Falschen vergessen
ich danke ihnen

für die richtigen Gedanken
die falschen Schlüsse
jedes Plakat von euch

ist bunt bunter
am buntesten schwarzweiß
wird gewinnen

ich danke ihnen.

## Letzter Tag

Der Tag, an dem K. gesehen wurde
war nicht zu heiß und nicht zu kalt
nicht zu hell und nicht zu dunkel
manche sprachen

von aufziehenden Gewittern und einige
erinnerten sich an grelles Abendrot
der Tag, an dem K. verschwand
war ein ganz normaler Tag

manche sprachen darüber
noch nach Jahren vergessen
wurde er von den Anderen
bereits am nächsten Tag.

## Wenn wir wollen

fällt der Regen
von unten nach oben

vertrocknen die Seen und
fließen die Gletscher
wenn wir wollen

werden die Hunde fliegen und
die Fliegen bellen
alles ist möglich

wenn wir wollen
werden wir sogar
einen Sinn finden

in allem.

## Dialog

Einmal in der Woche
hofften wir
auf den Dialog

mit der Natur
der Natur
war es egal.

## Gleichgewicht

Wenn wir
in den Bäumen hängen
steht die Sonne
über unseren Füßen der Kopf
ist nahe der Erde

nicht lange ertragen wir
das Gleichgewicht zwischen
Himmel und Erde.

## Grenzfurche

Er zog den Pflug
in einer Linie von
Horizont zu Horizont
täglich von Sonnenaufgang
bis in die Nacht

dann ruhte er aus

vom Nachtbeginn bis Sonnenaufgang
zog der Bruder den Pflug
von Abendstern zu Morgenstern
in einer Linie
die gleiche Furche

dann ruhte er aus

im Frühling säte der Eine
Lupinen der Andere pflanzte
Weizen und alles gedieh
vortrefflich in der einen Furche

bis zum frühen Sommer
da schnitt der Eine seine Lupinen
und weil es eine Arbeit war
auch den grünen Weizen
des Anderen

da erschlug der eine Bruder
den anderen und legte ihn
in die eine Furche die ging
von Horizont bis Horizont
und trennte den leeren Acker.

## Helden

Sie kämpfen die Schlachten
die sie nicht kannten

sie beherrschen das Reich
das es nie gab

sie beklagen die Diebe
die ihnen so ähnlich

sie gehen Punkt zwölf
zum Essen nach Haus:

## Heil

K. suchte
sein Heil in der Flucht
fand er es nicht.

## Stürme im Abgrund

Im Abgrund eines Sturmes
kreist die Gewalt

um sich selbst
um sich selbst

kreist der Mensch am Abgrund
und glaubt

er wäre der Sturm.


## Glauben

Glücklich die Gläubigen
die keine Fragen kennen

unglücklich die Ungläubigen
die keine Antworten wissen.

## Fester Stand

Trotz seiner Standhaftigkeit
taumelte er unentwegt
von hier nach dort

in alle vorgegebenen Richtungen

trotzdem lobte man
seine Toleranz vom Taumeln
sprach niemand.

## Mehrheiten

nein nein nein nein nein
nein nein nein JA nein
nein nein nein.

## Lärmende Stille

Ihr Schweigen
wurde so laut
dass nichts anderes mehr
zu hören war.


## Verschlußsache

Die Wände meiner Zelle
sind durchlässig
für ständige Nachrichten und

Gedanken nicht für die Wärter
ihnen bleiben die Türen
für immer verschlossen.

## Wahrer Besitz

Wer behauptet die Wahrheit
wäre eine Lüge glaubt selbst
im Besitz der Wahrheit zu sein

so lügt er wie alle anderen
denn die Lüge
ist die Wahrheit.

## Vaters Hut

Trage ich den Hut
meines Vaters und
öffne den Mund

meiner Mutter
sind meine Kinder
am Ende befreit.

## Harmonie

Alle singen zusammen
das eigene Lied
trotzdem bleibt

alles harmonisch

alle singen zusammen
nur das eine Lied
trotzdem bleibt

nichts harmonisch.

## Schuld

Wenn sie schreien
du hast Schuld

sind alle erleichtert
ohne Schuld zu sein

für diesen Moment.

## Jude

schrie man nach mir
dem Getauften
Verräter
der ich nichts wusste und
nichts verraten konnte
bis ich hinter her lief
den Schreiern und Schlägern
um nicht verraten zu werden
von meinesgleichen.

## Raureif

Euer GOTT ist kalt

Unser GOTT ist groß

Engel gibt es
auf beiden Seiten

Raureif
legt sich über die Mauer.

## Kettenlos

Jetzt
schrie er jetzt
ließe er die Hunde los

von der Kette
an der er selber
hing wie die Hunde

laut und unbeweglich.

## Platzmangel

Zwerge rotten sich zusammen
um nach Gerechtigkeit
zu schreien
Riesen schreien immer

allein eine Zusammenrottung
aller scheitert bereits
aus Platzgründen.

## Autark

Im Großen Gelenk
mit allen verbunden
selbständig

handelnd als wäre man
autark und doch abhängig
vom Großen Gelenk

bewegen sich alle
ständig
ständig.

## Gute Wünsche

Ein alter Mann
im Dreck

hebt die Hände und
wird erschossen

ein alter Mann
im Ornat

hebt die Hände und
alle sind gerührt.

## Erfolge

Wir prahlen nicht
mit Erfolgen
wir sind der Erfolg

unsere Niederlagen
wandeln wir
in Erfolge weil wir

die Erfolgreichen sind
man muss nur sehr lange
darüber reden

um erfolgreich zu sein.


## Lösungsjagden

Wölfe jagen Schafe
Jäger jagen Wölfe
Schafe sterben
freiwillig.

## Ohne Stärke

Wenn ich mich unterwerfe

gebe ich Verantwortung ab
ohne Verantwortung
bin ich stärker

bin ich der Stärkere
trage ich Verantwortung
für die Verantwortungslosen

die stärker sein könnten
als ich es bin
in meiner Schwäche.

## Schutzmacht

In ihrer Not
warfen sie die Lämmer
unters Volk
um sie vor den Wölfen
zu schützen.

## Respekt

Mit großem Pathos
gelobten sie einander
friedlich zu achten

unter dem Tisch
lagen die Waffen
unsichtbar

bereit.


## Selbst Kriege

lassen sich besiegen
mit den richtigen Formularen
glaubt fest
der beamtete Herr K.

## Fluchtpunkt

Auf der Flucht
vor der Flucht
ging K. den Weg

zurück zum Fluchtpunkt
alle waren geflohen
K. war angekommen.


## Ungebügelt

Jede Narbe
eine Wunde
jede Falte
eine Erfahrung
warum

sehnen wir uns
nach glatter Haut.

## Eigenarten

Es ist nicht
seine Eigenart vorher
über sich nachzudenken

es ist immer
seine Eigenart bereits
alles über sich zu wissen.

## Beschränkung

so hoch der Turm
so stark die Mauern
so eng die Fenster

für die freien Gedanken
im Turm.

## Zellteilung

Wenn ich mich
befreie wer will
meine Fesseln tragen

wenn ich mich
binde wer will
von mir gebunden sein

wenn ich mich
befreie wer will
meine Zelle teilen.

## Ordnung

Sie hofften
auf den geordneten Gang
der Dinge am Ende

blieben nur ihre Hoffnungen
und die ungeordneten Dinge.

## Doppelnamen

Der brennende Wunsch
mehr zu sein als
EINER oder ZWEI
trieb K. am Ende

in ein Familiengrab
mit vielen schönen Namen
auf den Steinen.

## Perpetuum

Ihre Wege laufen regelmäßig
im Kreis trifft man sich ständig
Runde für Runde
Jahr für Jahr

Experten wählen
den Irrgarten

wohin lief der König
am letzten Tag.

## Schöpfung

Im Kern der Schöpfung
liegt die Zerstörung

damit wir neu
erschaffen können

bis wir erschöpft sind.


## Selbst

wenn wir die Erde flicken
mit Goldlack und Tränen
was soll sich verändern.

## Prolog

So viel Kraft
so viele sprühende
Ideen als Eröffnung

vor dem großen Nichts
warten wir nun gespannt
auf den endgültigen Epilog.


## Dichter dran

am Leben
im Leben
ist die Poesie
allein.

## Wortfluß

Von Zunge
zu Zunge fließt
das Wort
verändert allein
durch die Speichel
Lecker.

## Gesang

Sie sangen gemeinsam
das Lied der Internationale
das Hohe Lied der Liebe

lehnten sie strikt ab
das änderte nichts
an ihrer variablen Gesinnung.

## Große Gedanken

Kleine Männer
suchen für ihr Wachstum

die Gedanken großer Männer
meist vergeblich.


## Erlösung

K. jagte sich in weiten
später immer engeren
Spiralen durch sein Leben

bis er am Ende
erlöst und glücklich
vor sich selbst stand.

## Uni sono

Es ist mir nicht
möglich mit einer Stimme

zu reden
es sind zu viele Stimmen

auszuwählen
in der Dissonanz.


## Reale Fiktion

Wir glauben
an die Fiktion
um täglich zu überleben

wir glauben nicht
an die Realität
obwohl wir sie täglich leben.

## In der Summe

Arme Hände Beine
Kopf Stimme
es ist einfach viel

zu wenig
für einen Menschen.


## Spiegel

Wenn ich durch den Spiegel

hinein
heraus

gehen kann hält mich
nur noch der Rahmen.

## Ansichten

Wir sind blind
solange wir nach außen
sehen

sehen wir
nach innen erkennen wir
das Außen.

## Zyklop

Wenn das dritte Auge
in eine andere Richtung sieht
als die beiden anderen

wo bleibt da der Weitblick.

## Zeitleben

In den Latrinen der Zeit
findet das Leben
von gestern und morgen statt
das Heute hat noch
keine Bedeutung.

## Gleichheit

Wir essen
aus der gleichen Schale
wir trinken
aus dem gleichen Becher
wir lieben
die gleichen Partner

nur wir selbst bleiben
uns fremd.

# bin

bin in der Mitte
mit vielen

bin in der Mitte
allein

bin in der Mitte
mit mir

bin für immer.

## Zu viel

Ihre Worte erreichten uns
nicht mehr zu viele
eigene Worte überfüllten uns
und warteten lange
auf unser Verstehen.

## Antworten

Eine Lüge ist
eine Lüge ist
eine Lüge bleibt
in der Wahrheit
stets eine Lüge

das ist eine Lüge.

## Wortschlangen

Kaum habe ich
aus vielen einzelnen Buchstaben
lange Wortschlangen gebildet
bin ich in ihnen
gefangen
gefangen
in mir selbst.

## etc.

ist ein Versprechen
das niemand
einhalten wird.

## Quadratischer Kreis

Das Quadrat ist ein
deformierter Kreis

der Kreis
weiß es das Quadrat
weiß es nicht.

## Widerstand

Sie häufen Ordnung
auf Verordnung
auf Ordnung widersetzen sich
allein die ungeordneten Wörter.

## Grundsätze

Nichts hindert uns
Grundsätze zu loben
die wir gestern noch

verdammten
begründen

sollten wir sie
als wären sie aus uns
selbst gekommen.


## Aufwärts

Wer es schafft
stromaufwärts zu schwimmen
begegnet früher oder später
seiner Vergangenheit.

## Eckenkreis

Im Quadrat
verstecke ich mich
in den Ecken im Kreis

ändere ich
die Richtung ständig
ist alles möglich.

Ein Stuhl ist
ein Stuhl bis er
die Basis wird
unbekannter Gedanken.

## Geplante Trennung

Sortiere ich das Leben
in Listen und Tabellen
erscheint Ordnung

in der Unordnung
zerrissene Wörter
wie Liebe oder Geduld

werden ohne Nachsicht
für immer voneinander
getrennt und sortiert

in Eins und Null
im unendlichen
numerischen System.

## Setzkasten

Alle hatten die gleichen
Setzkästen

nur der Analphabet
sprach frei.

## Gänge

Wenn wir die Gänge
bis zum Ende gehen
wissen wir nicht
wann die letzte
offene Tür kommt.

## Andere Wörter

Wähle ich
das eine Wort
entscheide ich mich

gegen das andere Wort
für das ich mich entscheide
gegen das eine Wort

so entstehen die Sätze
in meinem Mund
für und gegeneinander.


## SM

Kritik verletzt
Selbstkritik erhebt

enorm.

## Glück

In der Wahrheit
ist kein Glück

in der erfundenen Wahrheit
ist die Hoffnung

in der Lüge
ist das Leben

das ist manchmal
das einzige Glück.


## Unwiderruflich

Schon als Kind
beschloss K. schnell
erwachsen zu werden

so vergaß er
sofort und unwiderruflich
die eigene Kindheit.

## Wandlungen

Wir wollten immer
nur das Gute entdecken
fördern
bewahren
bis zur schmerzhaften Enttäuschung

über dich brachen wir
den Stab über uns
sprachen wir nicht.


## Freundschaft

K. hielt sich
für den besten Freund
aller besten Freunde

mit sich selbst
schloß er keine Freundschaft.

## Takt

Wenn sich alle

> rechts
> links
> rechts
> links

im gleichen Takt bewegen
muss es nicht ein Tanz sein.

## Moderne

Wir lebten ausschließlich
in der Moderne
unser Haus bestand
aus Korridoren mit vielen Türen

zu anderen Korridoren
zu anderen Korridoren

Zimmer waren keine
geplant.

## Tauschgeschäfte

Wir tauschten unsere Leben
zufällig
wie Freundschaftsringe

die Überraschung war
hier wie dort
eher mäßig.


## Volkskrankheit

Einige hofften
viele glaubten nicht und
nur wenige handelten

beim endgültigen Verlust

gewusst hatten es alle
geglaubt hatte es niemand.

## Sünden

Um erfolgreich seine
Sünden zu sühnen
erfand er beständig

neue Sünden

die bisher keinem bekannt waren
nicht einmal den professionellen
Sündenerlassern.


## Leeres Haus

Wenn mein Haus
nur leere Zimmer hat
habe ich vergessen
in mir zu wohnen.

## Weihnachten 2

Im Monat der Nächstenliebe
begruben sie ihre Kinder
standesgemäß

unter tausend Geschenken
und sangen dazu
fröhliche Lieder.

## Euphemismus

Die Einsicht im Alter
erkannte Schwächen

nicht reparieren zu können
ist die Altersweisheit.

## Letzte Freunde

Der Tod ist mobil
verstecken wir uns
wird er uns finden
halten wir still
könnten wir
Freunde werden.


## Schatten fangen

Wenn wir die Schatten
fangen und aufrecht stellen
in unser Leben

haben wir aufgehört
zu leben.

## Lügen

Als er sich tötete
wegen dieser Lüge
ahnte er nicht

dass diese Lüge
für immer

auf seinem Stein
stehen sollte.

## Geschlossene Gesellschaft

Alle drängten
in einen Raum

einer blieb übrig
der schloss die Tür.

## Ohne Stein

Aufgang
Zugang
Abgang

ohne Stein
ein Leben.


## Endgültig

Der Wunsch
der Verstorbenen nach
Endgültigkeit wurde abgelehnt

zu viele ihrer Geschichten
waren gefährdet.

## Ohne Vergangenheit

Je länger
ich lebe desto mehr
verfolgen mich
die Gespenster

wann sterbe ich
ohne Vergangenheit.

## Letzte Stunde

Der Glockenschlag bleibt
ohne Ton der Tag
hat dreiundzwanzig Stunden

die letzte Stunde ist die Nacht
die Uhr steht still
nur eine Glocke schwingt
im leeren Raum.

*Für Waltraut*

## Drachenköpfe

ziehen am Himmel Gespenster
fliegen lautlos zwischen den Wolken
tragen graue Fische
ihre kostbare Fracht

ab und zu fallen Perlen
aus ihren Mäulern
wir trinken mit offenem Mund
nach der langen Trockenheit.


## Blütennahrung

Aus mir wächst
eine blaue Pflanze
giftig und schön

niemand kennt
ihre Blüten und doch
werden alle davon satt.

## Karussell

Auf bunten Pferden
die Feinde verfolgen

    dicht vor uns
    dicht hinter uns

von den Feinden verfolgt
auf bunten Pferden

sehnsuchtsvolle Zeit
für eine silberne Münze.

## Frühling 2

Im Garten
sitzt noch die Erinnerung
drei Kugeln

ein Schneemann unter Krokussen
liegt die gelbe Nase
der Hut ist weit geflogen
in den weißen Apfelbaum.

## Sommertod

Unendliche Sommer
verhindern nicht
das Sterben
das Erwachen
nach unendlichen Wintern.

## Zartes Leben

Ihre Schönheit
sehen nur wenige
die zarten Glieder
durchsichtige Flügel trotz allem

kennen wir die Gefahr
in Zangen und Giften
leicht ist es zu töten
mit einem Finger kommen sie
in dunklen Wolken über uns

haben wir alle verloren.

## Unbekannte Welten

Drei Wochen Regen
und wir glauben fest
die Welt könnte untergehen

drei Monate Trockenheit
und wir glauben nicht
die Welt könnte untergehen.

## Bemalte Vögel

können nicht fliegen
sie schlafen

unter alten Geschichten
und sterben an Langeweile

wenn sie ihre Farbe verlieren.

## Wechselzeiten

Es lärmen
der knirschende Kies
der knirschende Schnee
die knirschenden Gedanken

die strahlende Sonne
der tröstende Mond
bleiben still.


## Besuch beim Zahnarzt

Nie kamen wir uns näher
nie waren wir uns fremder
es war der Schmerz
der uns vereinte.

## Fremde Stimmen

Wenn die Vögel
verstummt die Bienen
gestorben und die letzten Blätter
zerfallen hören wir

endlich ungestört
die Maschinen auf den Feldern.

## Warten

Die Pflanze blüht
in diesem Jahr
nicht.
Ich warte.

## Helle Nächte

Unendliche Birkenwälder leuchten
in der Nacht der Mond
ist für immer verstummt

die Welt gehört den Füchsen
und Eulen nicht
den seidigen Feldmäusen

unendliche Birkenwälder leuchten
in der ersten Sonne die Hasen
haben die Nacht überlebt.

## November

Wenn sich viele kleine Sommer
Wolken unter einer müden Sonne
sammeln und ihr Licht austrinken

wenn in den Straßen träge
silbergrauer Nebel liegt und
die Herzen langsam schlagen

weht der Novemberwind stürmisch
um die Dächer reißt
an den gelben Blättern

nun ein letztes Mal.

## Namenlos

Ohne Namen
ist die Mitte nur
die Ränder geben sich Namen

dringen die Ränder
bis zur Mitte verlieren sie sofort
ihre Namen.

## Das letzte Gedicht

schreibe ich ohne Hand
die Augen laufen über
das weiße Papier
Zeile für Zeile
schreibe ich ohne Hand
das Ende ist schwierig
wie immer.

## Lesen

Liest man das Buch
von beiden Seiten trifft man
in der Mitte auf sich selbst
das kann keiner.

Bibliografische Information der Deutschen Nationalbibliothek:
Die Deutsche Nationalbibliothek verzeichnet diese Publikation
in der Deutschen Nationalbibliografie;
detaillierte bibliografische Daten sind im Internet
über https://portal.dnb.de/ abrufbar.


© 2020 Karl-Friedrich Reinhardt
Grafiken: Stefan Groß von der Rinksburg
Satz, Umschlaggestaltung, Herstellung und Verlag:
BoD – Books on Demand, Norderstedt

ISBN: 978-3-7526-9467-3

panta rhei